Autocrítica y el Síndrome del Impostor

Iván Salvaterra

Contenido:

Capítulo 1
La autocrítica,
un proceso psicológico complejo

La autocrítica es un proceso psicológico complejo que implica evaluarnos a nosotros mismos, nuestros pensamientos, sentimientos y comportamientos. Es una parte normal de la vida humana, pero puede ser tanto constructiva como destructiva.

Definición de autocrítica

La autocrítica se puede definir como el proceso de evaluar nuestros pensamientos, sentimientos y comportamientos, y llegar a una conclusión sobre si son aceptables o no. Puede ser constructiva, cuando nos ayuda a aprender de nuestros errores y mejorar como personas, o destructiva, cuando nos lleva a sentirnos mal con nosotros mismos y a sabotear nuestras propias metas.

El papel de la autocrítica en el desarrollo de la personalidad

La autocrítica es un concepto importante en la psicología de la personalidad que se refiere a cómo las personas se evalúan y juzgan a sí mismas. Según los teóricos, nuestros niveles de autocrítica están estrechamente ligados a nuestros rasgos de personalidad y a nuestro bienestar psicológico.

Las personas que son excesivamente autocríticas tienden a obtener puntuaciones altas en neuroticismo en las evaluaciones de personalidad. El neuroticismo implica un nivel crónico de inestabilidad emocional y emociones negativas. Las personas autocríticas con alto neuroticismo suelen experimentar sentimientos de culpa, ansiedad, tristeza y vergüenza. Se juzgan a sí mismas con dureza y sienten que constantemente no cumplen con los estándares.

Por el contrario, las personas en el otro extremo del espectro que carecen de niveles apropiados de autocrítica tienden a tener un nivel bajo de neuroticismo y un alto nivel de narcisismo. Si bien la autocrítica puede ser perjudicial para la salud en los extremos, una falta total de autocrítica conduce a un exceso de confianza, dificultad para aceptar responsabilidades y problemas en las relaciones, llegando al caso típico del "perverso".

Encontrar el equilibrio adecuado de autocrítica requiere autoconciencia, autocompasión y la capacidad de reconocer áreas de crecimiento sin sentirse abrumado por sentimientos de insuficiencia. Con la madurez viene una mayor comprensión de nuestras fortalezas, limitaciones y posibilidades de cambio positivo.

Desde la perspectiva de la psicología de la personalidad, desarrollar una forma de autocrítica equilibrada y orientada al crecimiento es una parte importante para establecer estabilidad, perspectiva y dirección en la vida. La autocrítica excesiva está relacionada con trastornos del estado de ánimo como la depresión y la ansiedad, mientras que la incapacidad para una autorreflexión honesta está asociada con el narcisismo y problemas interpersonales relacionados. Nuestros niveles de autocrítica ofrecen información sobre nuestra salud mental y nuestras relaciones.

Tipos de autocrítica

La autocrítica puede ser positiva o negativa, constructiva o destructiva.

Autocrítica positiva: es la que nos ayuda a aprender de nuestros errores y mejorar como personas. Nos permite identificar nuestras áreas de mejora y tomar medidas para corregirlas.

Autocrítica negativa: es la que nos lleva a sentirnos mal con nosotros mismos y a sabotear nuestras propias metas. Nos hace centrar en nuestros defectos y nos impide ver nuestras fortalezas.

Funciones de la autocrítica

La autocrítica puede tener varias funciones, entre ellas:

- **Autorregulación**: nos ayuda a controlar nuestro comportamiento y evitar cometer errores.
- **Aprendizaje**: nos permite identificar nuestras áreas de mejora y tomar medidas para corregirlas.

- **Motivación**: nos puede impulsar a alcanzar nuestros objetivos.

Consecuencias psicológicas de la autocrítica

La autocrítica puede tener consecuencias psicológicas positivas o negativas, dependiendo de su tipo y función.

Consecuencias positivas: la autocrítica positiva puede ayudarnos a:

- Aumentar nuestra autoestima.
- Mejorar nuestra capacidad de aprendizaje.
- Alcanzar nuestros objetivos.

Consecuencias negativas: la autocrítica negativa puede llevarnos a:

- Baja autoestima.
- Depresión.
- Ansiedad.
- Falta de confianza en nosotros mismos.

El mundo de la autocrítica

El proceso de la autocrítica puede tener un carácter adaptativo o desadaptativo, y está relacionado con el perfeccionismo y la autoestima. La autocrítica adaptativa implica una evaluación objetiva y constructiva de uno mismo, lo que puede contribuir al crecimiento personal. Por otro lado, la autocrítica desadaptativa se asocia con la sobre-exigencia, la culpa y la desvalorización, pudiendo afectar negativamente la autoestima y el bienestar emocional

La psicoterapia es un ámbito donde se trabaja la autocrítica, ya que se busca aumentar la capacidad de percepción y reflexión hacia uno mismo, detectando y reforzando las conductas funcionales, y modificando las disfuncionales para aumentar el control y la adaptación al entorno

La autocrítica, al igual que el perfeccionismo, puede tener su origen en la primera infancia, influenciada por patrones de crianza como la demanda de altos niveles de logro y rendimiento en los hijos

Cómo se puede desarrollar la autocrítica constructiva

La autocrítica constructiva es una habilidad que se puede desarrollar a través de la práctica y la reflexión. Algunas estrategias para desarrollar la autocrítica constructiva incluyen:

- Ser honesto y objetivo al evaluar las propias acciones, comportamientos y pensamientos.
- Identificar las fortalezas y debilidades, y trabajar en mejorarlas.
- Aprender de los errores y fracasos, en lugar de culparse o desvalorizarse.
- Ser amable con uno mismo y reconocer los propios logros y esfuerzos.

• Buscar feedback constructivo de personas de confianza.

• Practicar la meditación y la atención plena para aumentar la autoconciencia.

• Evitar la sobre-exigencia y la perfección excesiva, y aceptar que cometer errores es parte del proceso de aprendizaje

En definitiva, la autocrítica constructiva es una habilidad que se puede desarrollar a través de la práctica y la reflexión, y puede contribuir al crecimiento personal y la toma de decisiones informadas

Cuáles son las diferencias entre la autocrítica constructiva y la autocrítica destructiva

Como hemos dicho la autocrítica puede ser constructiva o destructiva, y la diferencia entre ambas radica en el sentimiento que se deriva de ellas. La autocrítica constructiva implica una evaluación objetiva y honesta de uno mismo, con el objetivo de mejorar y crecer personalmente, mientras que la autocrítica destructiva se manifiesta a través de la culpa, la rabia y la desvalorización, y puede tener efectos negativos en la autoestima y el bienestar emocional

La autocrítica constructiva se enfoca en mejorar las actitudes y acciones, y no tiene un carácter punitivo, mientras que la autocrítica destructiva se enfoca en señalar lo que está mal en uno mismo, y puede tener un carácter despreciativo y trágico

De este modo, la autocrítica puede ser constructiva o destructiva, y la diferencia entre ambas radica en el sentimiento que se deriva de ellas. La autocrítica constructiva implica una evaluación objetiva y honesta de uno mismo, con el objetivo de mejorar y crecer personalmente, mientras que la autocrítica destructiva se manifiesta a través de la culpa, la rabia y la desvalorización.

Cómo se puede identificar la autocrítica destructiva en uno mismo

Para identificarla en uno mismo, se pueden observar los siguientes signos:

- Sentimientos frecuentes de culpa y rabia.
- Castigarse por errores con consecuencias mínimas.
- Generación de juicios negativos constantes sobre uno mismo.
- Comunicación interna despreciativa, trágica y desaprobadora.
- Sensación de incapacidad, inutilidad e incertidumbre sobre uno mismo

Es importante estar atento a estos signos para poder identificar la autocrítica destructiva y buscar estrategias para transformarla en una autocrítica más compasiva y constructiva.

Cuáles son las señales de que se está siendo demasiado duro contigo mismo

Algunas señales de que se está siendo demasiado duro consigo mismo incluyen:

• Castigarse psicológicamente por errores mínimos.
• Criticarse demasiado incluso después de haber corregido un error.
• Priorizar las tareas sobre el cuidado personal.
• Sentir malestar ante el error y vivir con pensamientos negativos y culpa por los errores
• Culparse por cosas que no dependen de uno mismo.
• Sentir que se está fallando a pesar de que las cosas salgan bien.
• Ver los errores propios como imperdonables, a diferencia de los errores de los demás.

Estas señales pueden indicar una autocrítica excesiva y desadaptativa, que puede afectar negativamente la autoestima y el bienestar emocional.

Cómo afecta la autocrítica destructiva en la salud mental

La autocrítica destructiva puede afectar severamente la salud mental de una persona. Algunos efectos negativos de la autocrítica destructiva en la salud mental incluyen:

Inseguridad: La autocrítica destructiva puede generar sentimientos de inseguridad y autoestima baja, lo que puede afectar la capacidad de tomar decisiones y enfrentar desafíos

Depresión y ansiedad: El exceso de pensamientos negativos y sentimientos insatisfechos, como la depresión y la ansiedad, pueden ser consecuencia de la autocrítica destructiva

Estrés: La autocrítica destructiva puede generar grandes dosis de estrés, especialmente si la autocrítica es frecuente e intensa

Deterioro en la autoestima: La autocrítica destructiva puede llevar a una persona a un deterioro importante en su autoestima, lo que puede afectar su capacidad de autoevaluación y autoapreciación

Disminución de la motivación y la energía: La autocrítica destructiva puede disminuir la motivación y la energía, lo que puede afectar la capacidad de aprender de las situaciones y mejorar

Es importante identificar la autocrítica destructiva y buscar estrategias para transformarla en una autocrítica más compasiva y constructiva, lo que puede contribuir a mejorar la salud mental y el bienestar emocional

Cómo se puede tratar la autocrítica destructiva en terapia

El tratamiento de la autocrítica destructiva en terapia puede implicar diversas estrategias, entre las que se incluyen:

Auto-observación y toma de conciencia: Identificar y registrar los pensamientos autocríticos para comprender su origen y patrón.

Reestructuración cognitiva: Desafiar y reemplazar los pensamientos autocríticos por otros más realistas y compasivos.

Mindfulness: Practicar la atención plena para observar los pensamientos autocríticos sin juzgar, lo que puede ayudar a reducir su impacto emocional.

Autocompasión: Fomentar la autocompasión y la amabilidad hacia uno mismo, en lugar de la autocrítica despiadada.

Identificación de patrones de crianza: Explorar y comprender cómo los patrones de crianza pueden haber contribuido a la autocrítica destructiva.

Técnicas de psicoterapia: Emplear enfoques terapéuticos como la terapia cognitivo-conductual, la terapia de aceptación y compromiso, y la terapia de esquemas para abordar la autocrítica destructiva.

Estas estrategias pueden ser parte de un enfoque integral para tratar la autocrítica destructiva en terapia, con el objetivo de promover una autocrítica más compasiva y saludable

Qué tipo de terapia es más efectiva para tratar la autocrítica destructiva

No hay un tipo específico de terapia que sea más efectiva para tratar la autocrítica destructiva, ya que el tratamiento puede variar según las necesidades y características individuales de cada persona. Sin embargo, algunas terapias que se han utilizado para abordar la autocrítica destructiva incluyen la terapia cognitivo-conductual, la terapia de aceptación y compromiso, y la terapia de esquemas. Una pequeña aproximación de ellas a continuación:

1. **Terapia cognitivo-conductual**: La terapia cognitivo-conductual (TCC) es un tipo de terapia psicológica que se centra en la relación entre los pensamientos, los sentimientos y las conductas. Su objetivo es ayudar a las personas a identificar y cambiar los pensamientos y creencias negativas que contribuyen a sus problemas psicológicos.

La TCC se basa en la idea de que los pensamientos, los sentimientos y las conductas se influyen mutuamente. Los pensamientos negativos pueden provocar sentimientos negativos, que a su vez pueden conducir a conductas negativas. Por ejemplo, una persona que piensa "No soy lo suficientemente buena" puede sentirse ansiosa o deprimida, lo que puede llevarla a evitar situaciones sociales.

La TCC ayuda a las personas a identificar sus pensamientos automáticos, que son pensamientos negativos que se producen de forma rápida e inconsciente. Una vez que las personas se dan cuenta de sus pensamientos automáticos, pueden empezar a cuestionarlos y desafiarlos. Siguiendo el ejemplo anterior, si una persona piensa "No soy lo suficientemente buena" puede empezar a preguntarse si realmente es cierto o si hay otra forma de interpretar la situación.

La TCC también ayuda a las personas a desarrollar habilidades para afrontar los problemas. Estas habilidades pueden incluir la relajación, la resolución de problemas y la gestión del tiempo.

La TCC es un tratamiento eficaz para una amplia gama de problemas psicológicos, entre los que se incluyen:

- Ansiedad
- Depresión
- Trastornos alimentarios
- Trastorno obsesivo-compulsivo (TOC)
- Trastorno de estrés postraumático (TEPT)
- Trastornos de la personalidad

La TCC se suele realizar en sesiones individuales con un terapeuta. Las sesiones suelen durar entre 50 y 60 minutos. El número de sesiones necesarias varía en función del problema que se esté tratando.

La TCC es una terapia activa en la que el paciente participa activamente en el proceso de tratamiento. El terapeuta proporciona al paciente las herramientas y el apoyo necesarios para que pueda identificar y cambiar sus pensamientos y comportamientos negativos.

Los beneficios de la TCC incluyen:

- Mejora de los síntomas psicológicos
- Mejora de la calidad de vida
- Aumento de la autoestima
- Desarrollo de habilidades de afrontamiento

La TCC es un tratamiento seguro y eficaz que puede ayudar a las personas a superar una amplia gama de problemas psicológicos.

2.   La terapia de aceptación y compromiso: La terapia de aceptación y compromiso (ACT) es un tipo de terapia psicológica de tercera generación que se basa en la teoría del marco relacional. La teoría del marco relacional sostiene que el lenguaje y la cognición son procesos relacionales que se aprenden a través de la interacción con el entorno.

El objetivo de la ACT es ayudar a las personas a aceptar sus experiencias internas, tanto positivas como negativas, y a comprometerse con acciones que sean significativas para ellas.

La ACT se centra en seis procesos clave:

- **Atención plena:** La atención plena es la capacidad de estar presente en el momento presente, sin juzgar. La ACT enseña a las personas a desarrollar la atención plena para que puedan observar sus pensamientos y sentimientos sin identificarse con ellos.

• **Defusión cognitiva:** La defusión cognitiva es el proceso de distanciarse de los pensamientos y las creencias. La ACT enseña a las personas a ver sus pensamientos como simples eventos mentales, en lugar de hechos.

• **Aceptación:** La aceptación es el proceso de permitir que las experiencias internas, tanto positivas como negativas, existan sin intentar cambiarlas. La ACT enseña a las personas a aceptar sus experiencias internas, incluso si son desagradables o dolorosas.

• **Valores:** Los valores son principios que guían nuestras acciones. La ACT ayuda a las personas a identificar sus valores y a comprometerse con acciones que sean coherentes con ellos.

• **Comportamiento comprometido:** El comportamiento comprometido es la acción que toma una persona en función de sus valores. La ACT ayuda a las personas a desarrollar habilidades para tomar medidas, incluso cuando se enfrentan a desafíos u obstáculos.

La ACT se ha demostrado eficaz para el tratamiento de una amplia gama de problemas psicológicos, entre los que se incluyen:

• Ansiedad
• Depresión
• Trastornos alimentarios
• Trastorno obsesivo-compulsivo (TOC)

- Trastorno de estrés postraumático (TEPT)
- Trastornos de la personalidad

La ACT también se ha utilizado para tratar problemas físicos, como el dolor crónico y la enfermedad cardíaca.

La ACT es una terapia activa en la que el paciente participa activamente en el proceso de tratamiento. El terapeuta proporciona al paciente las herramientas y el apoyo necesarios para que pueda desarrollar los seis procesos clave de la ACT.

Los beneficios de la ACT incluyen:

- Mejora de los síntomas psicológicos
- Mejora de la calidad de vida
- Aumento de la autoestima
- Desarrollo de habilidades de afrontamiento

3.   Terapia de esquemas: a terapia de esquemas (TE) es un tipo de terapia cognitivo-conductual que se centra en ayudar a las personas a identificar y cambiar los esquemas desadaptativos, que son creencias y expectativas negativas sobre sí mismas, los demás y el mundo.

Los esquemas desadaptativos se desarrollan en la infancia y la adolescencia como resultado de experiencias negativas o traumáticas. Pueden conducir a una amplia gama de problemas psicológicos, como la ansiedad, la depresión, los trastornos de la personalidad y las adicciones.

La TE se basa en la idea de que los esquemas desadaptativos se activan en situaciones estresantes o desafiantes. Cuando se activa un esquema desadaptativo, la persona puede experimentar una amplia gama de emociones negativas, como la ira, el miedo o la tristeza. Estos sentimientos pueden conducir a comportamientos negativos, como el aislamiento social, el abuso de sustancias o la autolesión.

La TE ayuda a las personas a identificar y cambiar sus esquemas desadaptativos a través de un proceso de seis fases:

Evaluación: El terapeuta ayuda al paciente a identificar sus esquemas desadaptativos. Esto se hace a través de una combinación de técnicas, como la entrevista, las pruebas y la elaboración de historias.

Elaboración de historias: El terapeuta ayuda al paciente a comprender cómo sus esquemas desadaptativos se desarrollaron a partir de sus experiencias tempranas.

Evaluación de la evidencia: El terapeuta ayuda al paciente a evaluar la evidencia que apoya o refuta sus esquemas desadaptativos.

Desafío de los esquemas: El terapeuta ayuda al paciente a desafiar sus esquemas desadaptativos. Esto se hace a través de una combinación de técnicas, como la reestructuración cognitiva, la exposición y la práctica de habilidades de afrontamiento.

Integración de los modos: El terapeuta ayuda al paciente a integrar sus modos, que son estados emocionales y cognitivos diferentes que surgen de sus esquemas desadaptativos.

Transición: El terapeuta ayuda al paciente a desarrollar un plan para mantener sus avances después del tratamiento.

La TE es un tratamiento eficaz para una amplia gama de problemas psicológicos, entre los que se incluyen:

- Trastornos de la personalidad
- Ansiedad
- Depresión
- Trastornos de la alimentación
- Trastornos del estado de ánimo
- Trastornos por estrés postraumático

La TE es un tratamiento activo en el que el paciente participa activamente en el proceso de tratamiento. El terapeuta proporciona al paciente las herramientas y el apoyo necesarios para que pueda identificar y cambiar sus esquemas desadaptativos.

Los beneficios de la TE incluyen:

- Mejora de los síntomas psicológicos
- Mejora de la calidad de vida
- Aumento de la autoestima
- Desarrollo de habilidades de afrontamiento

Estas terapias pueden ayudar a identificar y desafiar los pensamientos autocríticos, fomentar la autocompasión y la amabilidad hacia uno mismo, y promover una autocrítica más saludable y constructiva.

Qué papel juegan los padres en el desarrollo de la autocrítica en los niños

Los padres desempeñan un papel fundamental en el desarrollo de la autocrítica en los niños. Experiencias de exigencias o entornos críticos por parte de las figuras parentales pueden tener un gran impacto en los patrones de pensamiento del niño, llevándolos a interiorizar mensajes críticos, comparativos o descalificativos de manera significativa

La forma en que los padres brindan retroalimentación y críticas a sus hijos puede influir en la formación de la autocrítica. Una crítica constructiva y el fomento de la autocompasión son importantes para un desarrollo emocional saludable

Asimismo, la autoestima de los padres también influye en la autoestima de sus hijos, ya que los niños tienden a modelar su comportamiento y actitudes según el ejemplo de sus padres

Los orígenes de la autoestima

La autoestima, como concepto psicológico, tiene sus orígenes en el trabajo de William James, un psicólogo neoyorquino, quien analizó el fenómeno de la autoestima en su obra "Los Principios de la Psicología" en 1890

Desde entonces, la autoestima ha sido un aspecto esencial de la psicología, en especial de la psicología clínica, y ha dado lugar a diversas teorías psicopatológicas y de la conducta humana

El concepto de autoestima varía en función del paradigma psicológico que lo aborde, como el psicoanálisis o el conductismo

Se ha asociado la autoestima con cuadros como la depresión, los trastornos alimentarios, los trastornos de personalidad, la ansiedad y la fobia social.

La autoestima en psicología se define como el conjunto de percepciones, pensamientos, evaluaciones, sentimientos y tendencias de comportamientos dirigidos hacia uno mismo

Es el sentido general que una persona otorga a su valía o valía en función de su visión subjetiva de valor

Contrariamente al pensamiento popular, la autoestima no surge de evaluarnos positivamente en cada situación, sino de observarnos con objetividad y de estimar y aceptar nuestro autoconcepto.

La autoestima influye en diversos aspectos de la vida diaria, como la motivación, el rendimiento, la toma de decisiones, las relaciones interpersonales y el bienestar emocional y físico.

Las personas con una buena autoestima son menos propensas a experimentar altos niveles de ansiedad, estrés o depresión en su rutina diaria

Además, la autoestima incide en la vida diaria en la medida en que una persona se cuida a sí misma y siente autorrespeto

Si la autoestima es positiva, se prioriza el bienestar físico, emocional y mental, lo que incluye el ejercicio regular, la alimentación saludable, el descanso adecuado y la búsqueda de actividades que brinden placer y satisfacción

Por otro lado, la baja autoestima puede afectar negativamente la vida cotidiana, ya que puede generar emociones reprimidas, distorsionar la comunicación con los demás y con el entorno, y afectar la experiencia de la vida

También puede llevar a la falta de cuidado personal, el descuido de las obligaciones y el mal rendimiento en las labores

Por lo tanto, la autoestima es un factor importante en la vida diaria, ya que influye en la forma en que nos valoramos y nos percibimos, lo que a su vez afecta nuestra motivación, rendimiento, relaciones interpersonales y bienestar emocional y físico.

Cómo se puede medir la autoestima

Existen diversas formas de medir la autoestima, pero una de las pruebas más conocidas es la Escala de Rosenberg, que consta de diez preguntas que evalúan la valoración que una persona tiene de sí misma

Otra forma de medir la autoestima es a través de la observación de la conducta, ya que la autoestima influye en la forma en que una persona se comporta y se relaciona con los demás.

También se pueden utilizar cuestionarios y entrevistas para evaluar la autoestima, aunque es importante tener en cuenta que la autoestima es un constructo subjetivo y que puede variar a lo largo del tiempo.

En cualquier caso, la medición de la autoestima es importante para comprender cómo una persona se valora a sí misma y cómo esto influye en su vida diaria y en su bienestar emocional y físico

Qué factores influyen en la autoestima

La autoestima es un concepto complejo que puede ser influenciado por diversos factores. Algunos de los factores que influyen en la autoestima son:

La familia o núcleo familiar: la crianza recibida dentro del núcleo familiar es uno de los elementos que influyen en el desarrollo de la autoestima de una persona, sobre todo en su infancia y adolescencia.

El entorno social: las relaciones con los pares, el rendimiento académico, la apariencia física, el uso de redes sociales, influencias culturales, entre otros, pueden influir en la autoestima.

Las características personales: la personalidad, la autoimagen, la autoeficacia, la autoconfianza, la seguridad en uno mismo, el sentimiento de pertenencia, el sentimiento de competencia, el sentimiento de valía personal, entre otros, son factores internos que influyen en la autoestima.

Es importante destacar que la autoestima no surge de evaluarnos positivamente en cada situación, sino de observarnos con objetividad y de estimar y aceptar nuestro autoconcepto. La autoestima es un aspecto fundamental de la salud mental y el bienestar general, y su comprensión es crucial para el bienestar psicológico y emocional de las personas.

Cómo mejorar la autoestima

Existen diversas técnicas y hábitos que pueden ayudar a mejorar la autoestima. Algunas de ellas son:

- Identificar el origen de la baja autoestima y trabajar en ello.
- Hablarse con respeto y cariño a uno mismo.
- Dosificar las críticas y poner en cuarentena los pensamientos negativos.
- Establecer metas realistas y alcanzables.
- No compararse con los demás.
- Aceptar y perdonarse a uno mismo.

• Hacer críticas constructivas acerca de uno mismo.

• Buscar espacios de validación y ventilación emocional.

• Compartir anécdotas y sociabilizar con los demás.

• Desconectar y resetear en el tiempo libre y de ocio.

• Tener objetivos pequeños y alcanzables que puedan ayudar a ver el progreso.

• Aceptar las cualidades personales que nos hacen únicos.

• Responsabilizarse de la propia vida.

• Recordar y valorar los logros y aciertos.

• Evitar la postergación y el perfeccionismo.

• Identificar y trabajar en las adicciones y otros problemas que afecten la autoestima.

Es importante recordar que la autoestima puede variar a lo largo de la vida y que es posible trabajar en su desarrollo con la ayuda de un profesional.

Capítulo 2
Los orígenes de la autocrítica

La autocrítica es un proceso psicológico complejo que se desarrolla a lo largo de la vida. Los factores que contribuyen a su desarrollo incluyen:

La personalidad: las personas con una personalidad perfeccionista o ansiosa tienden a ser más autocríticas.

La historia familiar: Aquellos que fueron criticados o rechazados por sus padres o cuidadores durante la infancia, tienden a ser más autocríticos.

Las experiencias de vida: las personas que han experimentado fracasos o rechazos, tienden a ser más autocríticas.

La personalidad

La personalidad es un conjunto de características psicológicas que influyen en nuestro pensamiento, comportamiento y emociones. Las personas con una personalidad perfeccionista tienden a ser muy exigentes consigo mismas y con los demás. Se fijan metas altas y se castigan a sí mismas si no las alcanzan.

También están aquellos con una personalidad ansiosa que tienden a ser autocríticos. Se preocupan constantemente por lo que piensan los demás de ellos y tienen miedo de cometer errores.

La historia familiar

Las relaciones que tenemos con nuestros padres o cuidadores durante la infancia, tienen una gran influencia en nuestro desarrollo emocional. Las personas que fueron criticadas o rechazadas por sus padres o cuidadores, tienden a desarrollar una imagen negativa de sí mismas. Se sienten indignos de amor y aprobación, y tienden a castigarse a sí mismas.

Las experiencias de vida

Los fracasos y rechazos que experimentamos en la vida, también pueden contribuir al desarrollo de la autocrítica. Cuando nos sentimos frustrados, nos sentimos mal con nosotros mismos y nos culpamos por lo que pasó. El rechazo de los demás, también puede dañar nuestra autoestima y llevarnos a ser más autocríticos.

Los factores que contribuyen al desarrollo de la autocrítica son complejos y varían de persona a persona. Sin embargo, es importante comprender estos factores para poder desarrollar una autocrítica saludable.

Cómo influye la infancia en el desarrollo de la autocrítica

Según estudios, las raíces de la autocrítica interna se encuentran en la infancia, y pueden estar relacionadas con la exigencia de los padres y las figuras influentes en la educación.

Además, la autoimagen, la autoestima y el autoconcepto de uno mismo se forjan durante la infancia y la adolescencia, y su desarrollo tiene efectos en la vida adulta de la persona.

Por otro lado, la autocompasión es necesaria para que los niños sepan cómo quererse y respetarse a sí mismos.

Cómo se forma la autocrítica

Como lo hemos citado, los factores principales en la formación de una actitud crítica hacia uno mismo son: Padres, educación; normas sociales y entorno cultural; experiencia personal y carácter de una persona.

La autocrítica excesiva puede ocurrir en una persona que creció en una familia de padres estrictos e hipercontroladores y que a menudo fue regañada y criticada cuando era niña. Otra opción es que el niño crezca en un grupo social con reglas y estereotipos estrictos, por ejemplo, religiosos. Es probable que estos niños sean excesivamente estrictos consigo mismos en el futuro.

La autocrítica insuficiente depende de los mismos factores. Si las relaciones familiares fueran permisivas ("haz lo que quieras, pero no interfieras"), entonces puede haber una falta de autocontrol.

Por otro lado, existen personas de cierto tipo no son lo suficientemente críticas consigo mismas. Un buen ejemplo son los narcisistas; ya que, sienten que "siempre son buenos en todo". Los narcisistas admiran incluso aquellas cualidades y "logros" suyos que son objetivamente muy mediocres.

El nivel de autocrítica también está estrechamente relacionado con la tendencia de una persona a atribuirse responsabilidad por los acontecimientos a sí misma o a otros. A esto se le llama "locus de control".

Una persona con un locus de control externo, que tiende a traspasar la responsabilidad a otros, tiene una autocrítica reducida. Sus fracasos y errores los explica por circunstancias externas: "me lo explicaron mal", "los plazos no eran realistas".

Las personas con un locus de control interno no temen asumir responsabilidades. Pero es posible que tengan otro problema: la autocrítica excesiva. Se sienten responsables incluso de situaciones que escapan a su control. Por ejemplo, la empresa está sufriendo despidos masivos y el jefe del departamento se culpa a sí mismo por no defender a sus empleados.

Por tanto, el nivel de autocrítica depende tanto de la educación y el entorno como del carácter y las características psicológicas de una persona.

Qué actividades se pueden realizar para fomentar la autocrítica constructiva en los niños

Existen diversas actividades que se pueden realizar para fomentar la autocrítica constructiva en los niños. Algunas de ellas son:

Dar ejemplo: Los padres deben ser un ejemplo de autoestima positiva para sus hijos, contando historias propias de cómo han superado errores y fracasos.

Enseñar a manejar la frustración y la crítica de manera constructiva: Es importante enseñar a los niños a aceptar las críticas y a manejar la frustración de manera constructiva, buscando soluciones eficaces para cada situación.

Fomentar la autocompasión: La autocompasión ayuda a los niños a aprender a quererse y respetarse a sí mismos, ofreciéndoles protección contra la autocrítica destructiva.

Enseñar a conocerse a sí mismos: Es fundamental enseñar a los niños a conocerse de forma sincera, aceptando sus habilidades y errores.

Promover un entorno en el que se fomente la autoestima saludable: Es importante brindar un entorno en el que se fomente la autoestima saludable y se les enseñe a manejar la frustración y la crítica de manera constructiva.

Buscar aprendizaje: Cuando los niños cometen errores, hay que ayudarles a identificar lo que podrían

haber hecho de manera diferente y cómo podrían
mejorar en el futuro

Aceptar a los niños tal y como son: Hacer que los
niños se sientan que son queridos incondicionalmente,
sin juzgarlos por sus errores

Cambiar la forma de ver los errores: En lugar de
tratar los errores como un fracaso, enseñarles a verlos
como una forma de aprender y como parte de la vida

Tolerar la frustración: Aceptar que los niños
experimenten frustración y decepciones, y enseñarles
a cómo superarlas y aprender de ellas

Dar ejemplos: Dar ejemplos de autoestima positiva
para los niños, contando historias de personas con
éxito que han superado errores y fracasos

**Enseñar a manejar la frustración y la crítica de
manera constructiva:** Ayudar a los niños a aceptar
las críticas y a manejar la frustración de manera
constructiva, buscando soluciones eficaces para cada
situación

**Cómo se puede enseñar a los niños a mejorar sus
habilidades**

Para enseñar a los niños a mejorar sus habilidades, se
pueden realizar las siguientes actividades:

Fomentar la curiosidad: Proporcionar situaciones y
experiencias que desencadenen la curiosidad en los

niños, ayudándolos a explorar y aprender de manera activa

Promover la experimentación: Acompañando a los niños en sus intentos de experimentar y probar cosas, apoyándolos en el proceso de aprendizaje a través del ensayo-error

Repetir y practicar: Asegurarse de que los niños tengan la oportunidad de repetir y practicar las habilidades que están aprendiendo, lo que les permitirá refinar sus habilidades y mejorar su desempeño

Imitar y aprender de los demás: Aprender de y a partir de todo aquello que hay en su entorno inmediato, incluyendo a los adultos y otros niños

Enseñar a manejar la frustración y la crítica de manera constructiva: Ayudar a los niños a aceptar las críticas y a manejar la frustración de manera constructiva, buscando soluciones eficaces para cada situación

Enseñar a conocerse a sí mismos: Es fundamental enseñar a los niños a conocerse de forma sincera, aceptando sus habilidades y errores

Promover el apego y el vínculo afectuoso: Tejiendo una relación cálida y próxima entre el niño y el adulto cuidador, es fundamental para el desarrollo emocional y social de los niños

Repetir y practicar: Asegurarse de que los niños tengan la oportunidad de repetir y practicar las habilidades que están aprendiendo, lo que les permitirá refinar sus habilidades y mejorar su desempeño.

Cómo se puede fomentar la curiosidad en los niños para mejorar su aprendizaje

Para fomentar la curiosidad en los niños y mejorar su aprendizaje, se pueden aplicar las siguientes estrategias:

Responder sus preguntas: Estimular la curiosidad respondiendo a las preguntas de los niños de manera reflexiva y alentadora

Estimular sus intereses: Identificar y participar en los intereses del niño, fomentando que persigan actividades y hobbies que les llamen la atención

Fomentar el hacer preguntas: Animar a los niños a hacer preguntas sobre el mundo que les rodea

Provocar su curiosidad: Plantear retos a su medida en temas que sean de su interés o totalmente novedosos para promover el aprendizaje de nuevos conocimientos

Estas estrategias ayudarán a estimular la curiosidad en los niños, lo que a su vez potenciará su deseo de aprender y mejorar su proceso de aprendizaje.

Capítulo 3
Los efectos de la autocrítica
en la autoestima

La autocrítica es la tendencia a verse a uno mismo y a sus acciones desde una perspectiva negativa. Al realizar la autocrítica, una persona, en primer lugar, busca debilidades, errores y deficiencias en sí misma y en su comportamiento. La autocrítica a menudo se expresa en frases autocríticas, por ejemplo: "soy mediocre", "siempre me pasa algo malo", "siempre todo se me cae de las manos", etc.

Los investigadores que estudian la autocrítica han observado cuatro aspectos de este comportamiento en las personas:

- Severidad hacia uno mismo;
- Sentimientos de culpa o enojo hacia uno mismo;
- Sentimiento de inutilidad, percibirse a uno mismo como una carga para los demás;
- Vergüenza y renuencia a mostrar debilidad.

Con la autocrítica, todos estos sentimientos muchas veces se fusionan y resulta difícil separar uno del otro.

Los psicólogos no niegan que la autocrítica puede tener un efecto positivo, promoviendo el crecimiento personal. Pero hay investigaciones que vinculan la autocrítica con la depresión, la soledad y la autolesión. Algunos de ellos indican que la autocrítica contribuye a los trastornos alimentarios, aumenta el riesgo de consumo de sustancias, la delincuencia juvenil, deteriora la salud física e incluso es un factor de conducta suicida.

Los psicólogos dividen la autocrítica en adecuada (positiva) y tóxica (excesiva). Es absolutamente normal ser crítico consigo mismo, es una propiedad de una psique sana. Una autoestima adecuada se basa en las habilidades de autoanálisis y autocrítica saludable: una percepción objetiva de uno mismo, de sus rasgos positivos y negativos, ayuda a una persona a darse cuenta, corregir las deficiencias y, en última instancia, lograr su objetivo.

Cómo desarrollar una autoestima adecuada

La sana autocrítica y la autoestima están estrechamente relacionadas. Las personas con baja autoestima son demasiado autocríticas e injustas consigo mismas. La criticidad deteriorada se considera un tipo de trastorno mental. Este es también uno de los principales signos de depresión.

La autocrítica excesiva se expresa en:

- Autoacusación - "todo es culpa mía";
- Etiquetado: "No puedo creer lo estúpido que soy";
- Dudas sobre mí mismo: "Simplemente no sé cómo tomar las decisiones correctas";
- Devaluar las propias acciones: "cualquiera puede hacer esto, no es difícil".

Tanto la autocrítica corrosiva como la ausencia total de autocrítica afectan igualmente negativamente a una persona.

Si el crítico interno "va demasiado lejos", entonces la persona:

• Sólo ve desventajas en sí mismo, sólo nota errores, ignora sus éxitos y cualidades positivas;
• No está seguro de sí mismo, es dependiente de las opiniones de los demás;
• Está sujeto a autoagresión, sentimientos de culpa y ansiedad;
• Procrastina, pospone las cosas y posteriormente se autoflagela porque nunca las inició.

Si la autocrítica no es suficiente y una persona no analiza en absoluto sus acciones, entonces:

• Tiene dificultades en las relaciones, conflictos y malentendidos con sus seres queridos;
• Su comportamiento puede ser inmoral o asocial;
• "Pisa el mismo rastrillo", repite los mismos errores;
• No crece personalmente ni en su carrera.

Las dudas sobre uno mismo

La duda es un sentimiento subjetivo que planta un interrogante sobre las propias capacidades y el potencial de éxito en diversas áreas de la vida. En general, la duda es el miedo a ser uno mismo, que surge de las dudas sobre la propia competencia.

Las dudas sobre uno mismo van de la mano con la baja autoestima, pero hay una diferencia entre ambas. La incertidumbre se manifiesta de manera específica y se refiere a la confianza que una persona tiene en sus calificaciones en diversas áreas de la vida: trabajo, relaciones personales, etc. La autoestima es un concepto complejo, una opinión global sobre uno mismo como individuo. La incertidumbre sobre lo particular, si una persona la experimenta regularmente, asesta un golpe tras otro a la autoestima y, al final, puede sacudirla enormemente.

La duda sobre uno mismo también suele confundirse con la introversión. Un introvertido es un tipo de personalidad propuesto por el psiquiatra suizo Carl Jung para describir a las personas que dirigen su energía vital hacia adentro. Prefieren pensar por separado del mundo exterior, sumergiéndose en el mundo interior. Pero la introversión no es necesariamente un marcador y, especialmente, no es sinónimo de incertidumbre. El psiquiatra alemán Karl Leonhard vio fuerza en este individualismo. Según su interpretación, el introvertido tiene sus propios valores claros y no teme oponerse al entorno, a diferencia del extrovertido, a quien Leonhard llama conformista, susceptible a la influencia externa.

Otro fenómeno con el que a veces se confunde la duda es la fobia social. La fobia social está incluida en la Clasificación Internacional de Enfermedades y es un trastorno de ansiedad. Las personas propensas a sufrirlo temen la atención de otras personas, de los espacios públicos y de las grandes empresas, a veces hasta el punto de sufrir ataques de pánico, y por tanto evitan las situaciones sociales. La fobia social es un diagnóstico médico que es tratable.

Las personas que dudan de sí mismas tienden a pensar que han recibido un billete poco común y desafortunado para llegar a este estado. Esto no es cierto: cada uno experimenta este sentimiento en diferentes situaciones de la vida. Es natural dudar de uno mismo al iniciar nuevos proyectos o en un entorno altamente competitivo. Pero a veces la incertidumbre se vuelve crónica y reduce la calidad de vida.

Signos de duda

Toda persona que ha experimentado dudas sobre sí mismo ha experimentado las emociones, pensamientos y reacciones corporales que acompañan a esta condición.

Signos externos (corporales)

•	Latidos cardíacos rápidos, enrojecimiento o palidez de la cara, respiración irregular al hablar.
•	Habla confusa, parlotea y pierde el hilo de la historia, movimientos entrecortados: una carrera conversacional, solo para terminar el discurso más rápido.
•	Figura encorvada, deseo inconsciente de ocupar menos espacio y ser menos notorio.
•	Las frases "Creo", "Me parece": la persona parece disculparse por estar en su lugar.

Interno (mental, conductual)

• Compararse con los demás: para una persona que carece de confianza en sí misma, casi siempre resulta que nada está a su favor.

• Incapacidad para decir "no": es más fácil para una persona aceptar un trabajo que es una carga para él, que negarse.

• Minimizar sus méritos, incapacidad para aceptar elogios.

• Transferir la responsabilidad de su vida a las circunstancias o a otras personas.

• Evitación de la iniciativa y la responsabilidad.

• La arrogancia, que sirve como mecanismo de defensa, ayuda a rechazar a los demás antes de que estos puedan rechazarlo a él.

• Perfeccionismo: a veces la inseguridad está bien disfrazada, pero aun así se revela en la eterna búsqueda de una perfección inalcanzable y un hipercontrol.

¿Cómo surge la duda?

El primer entorno en la vida de una persona (la familia y la escuela) tiene una gran influencia. Entre las razones arraigadas en la infancia se encuentran:

Estrategias parentales: privación emocional de los padres, prohibiciones y restricciones, crítica excesiva o sobreprotección.

Copiar los estereotipos de comportamiento que el niño observa a su alrededor: según la teoría del psicólogo estadounidense Albert Bandura, la falta de confianza en sí mismos de los padres a menudo se hereda.

Acoso escolar: los compañeros pueden ser bastante duros en sus valoraciones y juicios.

Impotencia aprendida: el psicólogo Martin Seligman creía que las débiles habilidades de control sobre el mundo exterior pueden surgir debido a una elaboración insuficiente de la conexión acción-consecuencia, que a menudo se observa entre los niños en orfanatos.

Autocrítica y autoestima

La autocrítica puede tener un impacto significativo en la autoestima. La autoestima es la evaluación que hacemos de nosotros mismos, nuestros pensamientos, sentimientos y comportamientos. Una autoestima sana nos permite sentirnos bien con nosotros mismos y tener confianza en nuestras habilidades.

La autocrítica positiva puede tener un efecto positivo en la autoestima. Nos ayuda a identificar nuestras áreas de mejora y a tomar medidas para corregirlas. Esto puede ayudarnos a sentirnos más capaces y seguros de nosotros mismos.

La autocrítica negativa, por otro lado, puede tener un efecto negativo en la autoestima. Nos hace centrarnos en nuestros defectos y nos impide ver nuestras fortalezas. Esto puede llevar a sentimientos de insuficiencia, baja autoestima y falta de confianza en nosotros mismos.

Específicamente, la autocrítica negativa puede tener los siguientes efectos negativos en la autoestima:

• Nos hace sentirnos mal con nosotros mismos.
• Nos hace sentirnos inferiores a los demás.
• Nos hace sentirnos culpables o avergonzados.
• Nos dificulta alcanzar nuestros objetivos.
• Nos lleva a comportamientos autodestructivos, como la adicción o el autolesionamiento.

Por lo tanto, la autocrítica es un proceso psicológico complejo que puede tener tanto efectos positivos como negativos en la autoestima. Es importante aprender a usar la autocrítica de forma constructiva, para que nos ayude a mejorar como personas, en lugar de sabotearnos.

Algunos consejos para desarrollar una autocrítica saludable:

• **Ser realista con las expectativas.** No ponerse metas imposibles de alcanzar.
• **Centrarse en las fortalezas, no en las debilidades**. Todos tenemos fortalezas y debilidades. Concéntrese en sus fortalezas y trabaje para mejorar sus debilidades.
• **Ser amable con uno mismo.** Todos cometemos errores. No se castigue por sus errores.
• **Busque apoyo de los demás.** Hablar con un amigo, familiar o terapeuta puede ayudar a desarrollar una autocrítica saludable.

Cómo evitar la autocrítica

Para evitar la autocrítica, es fundamental adoptar una actitud más flexible y comprensiva hacia sí mismo y con los demás. Aquí hay algunas recomendaciones para controlar la autocrítica negativa y no permitir que afecte a nuestra autoestima:

Ser más flexible: Evitar utilizar un criterio dicotómico (blanco o negro) para evaluar la realidad o a sí mismo. Intentar ser más flexible con el mundo y las personas puede ayudar a reducir la autocrítica

Evaluar de manera objetiva: La autocrítica constructiva permite evaluar tanto los puntos positivos como negativos de nuestras pensamientos o sentimientos, y a partir de esa evaluación comenzar un proceso de aprendizaje con el propósito de mejorar

Aceptar errores y fallas: Es importante recordar que todos los seres humanos cometen errores y fallas, y estos no definen nuestra personalidad o valoración como personas. Aceptar nuestros errores y fallas puede ayudar a reducir la autocrítica

Fomentar la autoestima: La autoestima es fundamental para evitar la autocrítica negativa. Fomentar la autoestima y el autocuidado puede ayudar a reducir la autocrítica y mejorar nuestra autoestima

Cómo diferenciar la autocrítica constructiva de la negativa

Para diferenciar la autocrítica constructiva de la negativa, es fundamental analizar cómo se lleva a cabo la autocrítica y cómo se utiliza en la evaluación de nuestras acciones y pensamientos. Aquí hay algunas diferencias clave entre ambos tipos de autocrítica:

Lenguaje: La autocrítica constructiva utiliza un lenguaje descriptivo y objetivo, mientras que la autocrítica negativa utiliza un lenguaje crítico y juzgador

Actitud: La autocrítica constructiva se basa en una actitud positiva y comprensiva, mientras que la autocrítica negativa se basa en una actitud negativa y sesgada

Flexibilidad: La autocrítica constructiva permite una evaluación flexible y adaptable, mientras que la autocrítica negativa tiende a ser rígida estructurada.

Aceptación de errores: La autocrítica constructiva permite aceptar errores y fallas como parte del proceso de aprendizaje y crecimiento, mientras que la autocrítica negativa tiende a culpar a la persona por sus errores y fallas

Objetivos: La autocrítica constructiva busca soluciones eficaces y afronta problemas de manera constructiva, mientras que la autocrítica negativa tiende a enfocarse en los problemas y conductas negativas sin proponer soluciones

En definitiva, la autocrítica constructiva permite evaluar y aprender de nuestros errores y fallas de manera objetiva y comprensiva, mientras que la autocrítica negativa tiende a ser crítica, juzgadora y sesgada, lo que puede afectar negativamente nuestra autoestima y bienestar interior

Cómo evitar la autocrítica negativa

Para evitar la autocrítica negativa, es importante desarrollar la habilidad de identificar y desafiar los pensamientos autocríticos. Algunas estrategias incluyen:

Auto-observación: Estar atento a los pensamientos autocríticos y reconocer su presencia.

Cuestionamiento: Desafiar la veracidad de los pensamientos autocríticos, cuestionando si son justos, precisos y útiles.

Cambio de perspectiva: Intentar ver la situación desde una perspectiva más objetiva y compasiva.

Autocompasión: Cultivar la autocompasión y la amabilidad hacia uno mismo en lugar de recurrir a la autocrítica. La autocompasión implica tratarse a uno mismo con respeto y amabilidad, sin mortificarse, sin autoexigencias excesivas ni autocastigarse por los errores.

Se trata de un concepto relacionado con la inteligencia emocional que pasa por la consciencia de que, como seres humanos, tenemos defectos, déficits o características negativas. Todo el mundo se equivoca algunas veces.

La autocompasión busca la felicidad y el bienestar de la persona, previa aceptación de las propias limitaciones. No obstante, no hay que confundir la autocompasión con la autoindulgencia, que implicaría una victimización por parte de la persona que no se considera capaz de afrontar una situación adversa.

Enfoque en soluciones: En lugar de centrarse en los errores, enfocarse en buscar soluciones y aprender de las experiencias.

Estas estrategias pueden ayudar a transformar la autocrítica negativa en una autocrítica constructiva, fomentando el crecimiento personal y el bienestar emocional

Cómo mejorar la autoestima a través de la autocrítica constructiva

Para mejorar la autoestima a través de la autocrítica constructiva, es importante adoptar un enfoque compasivo y de crecimiento personal.

Algunas estrategias incluyen:

Entender el propósito de la autocrítica: Reconocer que la autocrítica constructiva busca el crecimiento y el aprendizaje, no la devaluación personal.

Lenguaje descriptivo y no juzgador: Utilizar un lenguaje descriptivo al evaluar los errores, evitando la autocrítica negativa que juzga y culpa.

Afrontar los errores de manera constructiva: Ver los errores como oportunidades de aprendizaje y crecimiento, y buscar soluciones para mejorar en el futuro.

Cultivar la comprensión y la amabilidad hacia uno mismo, en lugar de recurrir a la autocrítica negativa.

Al aplicar estas estrategias, la autocrítica constructiva puede contribuir al desarrollo de una autoestima saludable, promoviendo el bienestar emocional y el crecimiento personal

Capítulo 4
La autocrítica
y el bienestar psicológico

La autocrítica también puede tener un impacto significativo en el bienestar psicológico. El bienestar psicológico es un estado de equilibrio y satisfacción con la vida. Se caracteriza por emociones y relaciones positivas, un sentido de propósito y una sensación de bienestar general. Nos ayuda a sentirnos bien con nosotros mismos y a alcanzar nuestros objetivos. Esto puede conducir a una mayor felicidad, satisfacción con la vida y un sentido de logro.

La autocrítica negativa, por otro lado, puede tener un efecto negativo en el bienestar psicológico. Nos hace centrarnos en nuestros defectos y nos impide ver nuestras fortalezas. Esto puede llevar a sentimientos de tristeza, ansiedad, depresión y baja satisfacción con la vida.

Específicamente, la autocrítica negativa puede tener los siguientes efectos negativos en el bienestar psicológico:

- Nos hace sentirnos mal con nosotros mismos.
- Nos hace sentirnos inferiores a los demás.
- Nos hace sentirnos culpables o avergonzados.
- Nos dificulta alcanzar nuestros objetivos.
- Nos lleva a comportamientos autodestructivos, como la adicción o el autolesionamiento.

La autocrítica es un proceso psicológico complejo que puede tener tanto efectos positivos como negativos en el bienestar psicológico. Es importante aprender a usar la autocrítica de forma constructiva, para que nos ayude a mejorar como personas, en lugar de sabotearnos.

La autocrítica puede afectar el bienestar psicológico de manera negativa en varias maneras:

Afecta la autoestima: La autocrítica negativa puede causar una disminución en la autoestima, lo que puede llevar a una sensación de invalidez y falta de confianza en sí mismo

Influye en el bienestar general: La autocrítica puede afectar nuestra salud emocional y física, ya que puede generar estrés, ansiedad y depresión

Impide el progreso: La autocrítica negativa puede paralizar nuestras acciones y decisiones, lo que dificulta el avance hacia nuestros objetivos y metas

Afecta la relación con la comida: La autocrítica puede influir en nuestra relación con la alimentación, lo que puede llevar a comportamientos de auto-sabotaje y a problemas de salud relacionados con la alimentación

Para combatir la autocrítica negativa y mejorar el bienestar psicológico, es importante:

• Ser más flexible y no utilizar un criterio dicotómico para evaluar la realidad o a sí mismo

•	Utilizar estrategias para silenciar la autocrítica, como respirar profundamente y repetir afirmaciones positivas

•	Buscar la ayuda de un terapeuta o un grupo de apoyo para aprender a gestionar la autocrítica

Algunos consejos para desarrollar una autocrítica saludable:

Ser realista con las expectativas. No ponerse metas imposibles de alcanzar.

Centrarse en las fortalezas, no en las debilidades. Todos tenemos fortalezas y debilidades. Concéntrese en sus fortalezas y trabaje para mejorar sus debilidades.

Ser amable con uno mismo. Todos cometemos errores. No se castigue por sus errores.

Buscar el apoyo de los demás. Hablar con un amigo, familiar o terapeuta puede ayudarle a desarrollar una autocrítica saludable.

Qué consecuencias puede tener la autocrítica en la salud mental a corto plazo

Afecta la autoestima y la confianza: La autocrítica excesiva puede afectar negativamente la autoestima y la confianza en sí mismo, lo que puede llevar a una

sensación de invalidez y falta de confianza en las
acciones y decisiones

Influye en el bienestar general: La autocrítica puede
afectar nuestra salud emocional y física, ya que puede
generar estrés, ansiedad y depresión

Impide el progreso: La autocrítica excesiva puede
paralizar nuestras acciones y decisiones, lo que
dificulta el avance hacia nuestros objetivos y metas

Contribuye al aislamiento social: La autocrítica
excesiva puede llevar a un aislamiento social, lo que a
su vez puede afectar negativamente nuestra salud
mental

Cómo la autocrítica puede afectar la salud mental a largo plazo

La autocrítica puede afectar la salud mental a largo
plazo de diversas maneras, como se evidencia en los
siguientes hallazgos:

Relación con trastornos mentales: La autocrítica se
ha vinculado a trastornos como la depresión, la
ansiedad, el suicidio, y los trastornos alimentarios

Impacto en la autoestima y la confianza: La
autocrítica excesiva puede afectar negativamente la
autoestima y la confianza, lo que a su vez puede influir
en el bienestar emocional y general

Contribución a la sobre exigencia y agotamiento: La autocrítica puede ser un factor contribuyente a la sobre exigencia personal, el agotamiento y, en casos extremos, a trastornos de salud mental como la ansiedad y la depresión

Para mitigar estos efectos negativos a largo plazo, es crucial abordar la autocrítica de manera saludable, recurriendo a estrategias de autocuidado y, si es necesario, a ayuda profesional. Reducir la autocrítica negativa y trabajar para construir una autoestima sana es una forma eficaz para mejorar la salud psicológica y el bienestar emocional

Qué es la autoexigencia

La autoexigencia es una característica de personalidad que se refiere a lo que nosotros nos pedimos a nosotros mismos, y se caracteriza por los objetivos que nos marcamos en nuestra vida y por cómo nos colocamos ante esos objetivos

La autoexigencia puede manifestarse de diversas maneras, como:

•	Establecer estándares extremadamente altos para sí mismo en todas las áreas de la vida

•	Esfuerzo constante por perfeccionar sus acciones y logros, a menudo ignorando sus propias limitaciones

•	Ser crítico consigo mismo ante los errores y fallos

• Establecer metas muy elevadas y basar la autoevaluación en la consecución o el acercamiento a dichos estándares

La autoexigencia puede tener consecuencias negativas en la salud mental a corto y largo plazo, como:

• Aumentar los niveles de ansiedad y depresión

• Afectar las relaciones interpersonales debido a la rigidez y la crítica constante

• Obstaculizar la creatividad y la innovación

• Contribuir al desarrollo de trastornos de salud mental como la ansiedad y la depresión

Por consiguiente, la autoexigencia es una característica de personalidad que puede afectar negativamente la salud mental a corto y largo plazo. Para mejorar la salud mental a largo plazo, es importante establecer metas realistas, aceptar errores y fallos, practicar la autocompasión y la autoestima, ser más flexible y buscar ayuda profesional si es necesario.

¿Qué significa excesiva autoexigencia?

Si una persona es demasiado exigente consigo misma, significa que no tiene confianza en sí misma y no le gustan las manifestaciones abiertas de cualidades individuales.

Se avergüenza de sus imperfecciones ocultas al mundo, por eso se esfuerza por alcanzar la perfección en todo.

Miremos esta cualidad desde ambos lados.

Quienes te rodean sin duda sienten la influencia de una persona exigente. Después de todo, sus expectativas para los demás son las mismas que se aplica a sí mismo, y debido a esto, a menudo surgen malentendidos y rechazo. Y esto tiene un efecto negativo en las relaciones con familiares y amigos.

La exigencia, por un lado, es útil para una persona:

• Se crea una imagen positiva del individuo;
• Mantiene el tono, utiliza y repone eficazmente los recursos;
• Abre oportunidades para el crecimiento sistemático y el logro de objetivos.
• El otro lado revela la vulnerabilidad de una persona exigente a las críticas y objeciones.
• Cuando falla y comete errores, los experimenta demasiado y, a menudo, sube el listón, aunque no puede alcanzarlo.

Cuando las expectativas no se cumplen, uno comienza a sentir insatisfacción, síndrome del impostor y aumento de la ansiedad. Si durante mucho tiempo está presionado por la negatividad y las obligaciones internas ("debería"), entonces existe una alta probabilidad de caer en la depresión.

Determinar si se es demasiado exigente con uno mismo

Los requisitos son demasiado altos si observa estas señales:

• Sentir vergüenza cuando se recuerdan errores, equivocaciones, fracasos;
• Sentirse insatisfecho con el entorno;
• Negarse cuando los seres queridos y colegas ofrecen ayuda y están dispuestos a trabajar duro;
• La mayoría de los deseos son inalcanzables;
• ¿Notas manifestaciones de perfeccionismo?
• Destacar los errores, los fracasos, las imperfecciones;
• Tener dudas sobre uno mismo;
• Miedo de cometer un error y que otros sean testigos de los defectos y debilidades;
• Sientes que la otra persona es capaz de hacer un mejor trabajo (síndrome del impostor).

Alcanzar la perfección exigiéndose mucho a uno mismo es cuestionable. Después de todo, cada etapa requerirá esfuerzos y recursos cada vez mayores. Si se persigue constantemente un ideal, se sufrirá de agotamiento físico y moral.

¿Cuál es la fuente del problema?

En la mayoría de los casos, una educación inadecuada es fuente de exigencias excesivas. Cuando los padres mostraban un control estricto, exigían conformidad con el ideal. Así, se produjo el crecimiento y desarrollo de esta cualidad de personalidad.

Con el tiempo, esto conduce a la formación de un pensamiento en blanco y negro en el niño: si logra un resultado que no es ideal, entonces se enfrenta al fracaso. Un adulto sigue teniendo un pensamiento estereotipado, no ve detalles ni soluciones atípicas, y esto limita su crecimiento y desarrollo.

Cuando la autoexigencia se encuentra en niveles normales, esto contribuye al desarrollo exitoso del individuo. Cuando los requisitos son excesivos e inflados, la persona trabaja hasta el cansancio, oculta sus defectos y no comparte sus experiencias.

Y a veces, cuando se ve a una persona ideal, es posible que ni siquiera se sospeche lo infeliz y adicto al trabajo que es, impulsado por el miedo a cometer un error.

Cómo se puede diferenciar entre la autoexigencia constructiva y la autoexigencia despiadada

La autoexigencia puede ser constructiva o despiadada, y se pueden diferenciar de la siguiente manera:

Autoexigencia constructiva: La autoexigencia constructiva se enfoca en establecer metas realistas y alcanzables, y se utiliza como una herramienta para mejorar y crecer personalmente

Se basa en un diálogo interno positivo y constructivo, y se utiliza para motivarse y alcanzar objetivos

Autoexigencia despiadada: La autoexigencia despiadada se enfoca en establecer estándares extremadamente altos e inalcanzables, y se utiliza como una herramienta para juzgarse y criticarse constantemente.

Se basa en un diálogo interno negativo y destructivo, y puede llevar a la ansiedad, la depresión y otros problemas de salud mental.

Para diferenciar entre la autoexigencia constructiva y la autoexigencia despiadada, es importante prestar atención a cómo se manifiesta la autoexigencia en el diálogo interno. La autoexigencia constructiva se enfoca en el crecimiento personal y se utiliza como una herramienta para motivarse y alcanzar objetivos realistas, mientras que la autoexigencia despiadada se enfoca en juzgarse y criticarse constantemente, y puede llevar a problemas de salud mental

Capítulo 5
Estrategias
para una autocrítica saludable

El impacto positivo de la autocrítica radica en descartar estrategias ineficaces de pensamiento y acción, ganar motivación para ascender a un nuevo nivel, analizar el potencial y las metas que uno mismo se propone y la capacidad de predecir eventos. La autocrítica también puede hacer que una persona sea más agradable en términos de comunicación, aumentar su capacidad para evaluarse correctamente a sí mismo y cultivar una actitud respetuosa hacia los demás. Una adecuada autoestima y valoración de las propias capacidades abren puertas a la persona para el autodesarrollo y la mejora de la personalidad, la calidad de vida y los resultados profesionales.

Pero, al mismo tiempo, la psicología no ve con buenos ojos la autocrítica excesiva, que es una cualidad independiente. Esto puede conducir fácilmente a la pérdida del equilibrio interno, a la discordia consigo mismo y a la alteración de la armonía. Si hablamos de una situación ideal, entonces una persona autocrítica acepta su Yo, es capaz de alegrarse de las victorias y los éxitos y analiza los fracasos para sacar las conclusiones correctas y cambiar su comportamiento. Pero si examina cada uno de sus inconvenientes con demasiada diligencia, como si estuviera bajo un microscopio, o tiende a regañarse y regañarse a sí mismo durante mucho tiempo, no hay nada bueno en esto.

Los efectos nocivos de la autocrítica ciertamente existen y se manifiestan cuando su nivel aumenta. Si se lo lleva al máximo, instantáneamente se convertirá en autoflagelación, por lo que una persona no solo se destruye a sí misma, sino que realmente se degrada. Como resultado, la autoestima cae y comienzan a aparecer las dudas sobre uno mismo; una persona se vuelve indiferente e incluso apática, aleja a la gente de él y pierde la capacidad de tomar decisiones. Y los sentimientos de culpa, vergüenza y autocompasión se vuelven crónicos.

Por tanto, podemos sacar una conclusión intermedia destacando las ventajas y desventajas de la autocrítica.

Beneficios de la autocrítica:

- Oportunidad de superación personal
- Una mirada objetiva a uno mismo
- Reconocer propias cualidades y defectos negativos.
- La capacidad de sacar conclusiones y aprender de los errores.
- Capacidad de ajustar las acciones.
- Motivación para alcanzar nuevas metas.
- Mayor coraje y confianza en uno mismo.
- Cortar la confianza en uno mismo y el sentimiento de "siempre tengo la razón"
- Cortar el narcisismo
- Cultivar el respeto por los demás.
- La capacidad de admitir propios errores.

En el aprendizaje, la capacidad de criticarse a uno mismo activa el deseo de adquirir nuevos conocimientos y evitar mirar las cosas de forma superficial. En el trabajo, ayuda a determinar direcciones para el crecimiento profesional, ajustar acciones y ascender en la carrera profesional.

En la interacción interpersonal, la autocrítica desarrolla las habilidades de escucha activa y empatía, proporciona un incentivo para percibir otros puntos de vista y convertirse en un interlocutor más interesante, así como para hacer nuevas amistades. Finalmente, en la familia, la amistad y las relaciones románticas, la autocrítica enseña a la persona a buscar compromisos, admitir cuando se equivoca y mostrar atención y cuidado sinceros por los demás.

Y si se pregunta a qué puede conducir la falta de autocrítica, simplemente contrarreste sus beneficios y el panorama se aclarará en poco tiempo.

Desventajas de la autocrítica:

- Autohumillación y autoflagelación
- Disminución de la autoestima y destrucción de la personalidad.
- Depresión y estado mental inestable.
- Falta de confianza en uno mismo y en las propias capacidades.
- Apatía e inacción
- Incapacidad para tomar decisiones.
- Cerradura e indiferencia
- Perspectiva negativa de la vida y uno mismo.
- Incapacidad para ver las propias fortalezas
- Exigencias excesivas hacia uno mismo
- Deterioro en la comunicación con otras personas.

- Sentimientos de culpa y susceptibilidad a la manipulación.
- Falta de emociones positivas.
- Desarrollo de trastornos mentales.

Estas deficiencias no se pueden descartar, pero repetimos que sólo la autocrítica malsana tiene este efecto, intensificada y llevada al absurdo. Si de repente nota algo similar en usted mismo, puede intentar corregir la condición usted mismo: concéntrese en los éxitos y logros, rodéese de personas positivas. Pero cuando estos métodos no logran cambiar su actitud hacia usted mismo, tiene sentido buscar ayuda de un psicoterapeuta. Un especialista calificado y con experiencia lo ayudará a desarrollar nuevos patrones de comportamiento, restaurar la autoestima y deshacerse de venenos como la culpa, la autoexcavación y la devaluación de su propia personalidad.

Si usted se identifica como una persona autocrítica, hay algunas cosas que puede hacer para desarrollar una autocrítica más saludable.

1. Sea consciente de sus pensamientos y sentimientos

El primer paso para desarrollar una autocrítica más saludable es ser consciente de sus pensamientos y sentimientos. Cuando se sienta autocrítico, pregúntese:

¿Qué estoy pensando?
¿Cómo me siento?

¿Son estos pensamientos y sentimientos realistas?

2. Desafíe sus pensamientos negativos

Una vez que sea consciente de sus pensamientos negativos, comience a desafiarlos. Pregúntese:

¿Hay evidencia que respalde estos pensamientos?
¿Hay otra forma de interpretar la situación?
¿Estoy siendo demasiado duro conmigo mismo?

3. Concéntrese en sus fortalezas

Todos tenemos fortalezas y debilidades. Es importante centrarse en sus fortalezas y trabajar para mejorar sus debilidades.

¿En qué soy bueno?
¿En qué áreas necesito ayuda?

4. Sea amable consigo mismo

Todos cometemos errores. Es importante ser amable consigo mismo y perdonarse a sí mismo por sus errores.

5. Busque apoyo de los demás

Hablar con un amigo, familiar o terapeuta puede ayudarle a desarrollar una autocrítica más saludable.

Entrenar la mente con autoafirmaciones diarias

Aquí hay diez afirmaciones positivas que pueden ayudarle a superar la autocrítica negativa y aumentar la motivación:

1. Soy capaz de lograr lo que me propongo.
2. Me acepto tal y como soy, con mis fortalezas y debilidades.
3. Me permito sentir emociones agradables y desagradables, porque todas forman parte del proceso y de la normalidad.
4. Escucho mi cuerpo y mi mente, y me abrazo.
5. Me enfoco en mis fortalezas y en lo que puedo hacer, en lugar de centrarme en mis debilidades y en lo que no puedo realizar.
6. Me permito cometer errores, porque son una oportunidad para aprender y crecer.
7. Me trato con amabilidad y compasión, como lo haría con un amigo cercano.
8. Me enfoco en el presente y en lo que puedo hacer ahora mismo, en lugar de preocuparme por el pasado o el futuro.
9. Me permito pedir ayuda cuando la necesito, porque todos necesitamos ayuda en algún momento.
10. Me doy permiso para descansar y cuidar de mí mismo, porque es importante para mi bienestar.

Espero que estas afirmaciones te ayuden a sentirte más motivado y a superar la autocrítica negativa. ¡Ánimo!

Ten en cuenta que también puedes llevar un libro de agradecimiento, de hábitos o de metas. Todo ello te

hará llevar un control sobre tus objetivos y planificar
tu vida.

Capítulo 6
La autocrítica como herramienta de crecimiento personal

La autocrítica es una herramienta de crecimiento personal que permite a las personas evaluar sus acciones, comportamientos y pensamientos para identificar áreas de mejora y aprender de sus errores

Sabemos que, aunque puede ser entendida como un hecho negativo, la autocrítica es fundamental para el mejoramiento personal

Aquí hay algunos aspectos clave sobre la autocrítica como herramienta de crecimiento personal:

Capacidad autocrítica: La capacidad autocrítica es esencial para el crecimiento personal, ya que permite valorar los puntos negativos y comportamientos y pensamientos, lo que facilita el aprendizaje de los errores y la mejora de las debilidades

Autoanálisis: La autocrítica permite a las personas reflexionar sobre sus acciones y comportamientos, evaluando si están alineados con sus objetivos e identificando áreas para el crecimiento

Mejora reflexiva: La autocrítica es crucial para la mejora reflexiva, que implica dar cuenta de las acciones y comportamientos con la intención de identificar áreas para el crecimiento y hacer los cambios necesarios

Crecimiento personal: La autocrítica es fundamental para el crecimiento personal, ya que permite a las personas aprender de sus errores, corregir o atenuar las debilidades y aprovechar las oportunidades de aprendizaje y crecimiento

Responsabilidad: La autocrítica nos posibilita ser responsables de nuestras acciones y errores, lo que nos permite conocernos mejor y optimar nuestra convivencia con otras personas

Sin embargo, es importante abordar la autocrítica con una mente abierta y centrarse en el crecimiento personal en lugar de la perfección

Además, es fundamental evitar la crítica patológica y enfocarse en la búsqueda de soluciones y alternativas para futuras ocasiones.

La autocrítica puede ser una herramienta poderosa para el crecimiento personal. Nos ayuda a identificar nuestras áreas de mejora y a tomar medidas para corregirlas. Sin embargo, es importante usar la autocrítica de forma constructiva, para que nos ayude a mejorar como personas, en lugar de sabotearnos.

Aquí hay algunas formas de usar la autocrítica de forma constructiva:

• Utilícela para identificar sus áreas de mejora.
• Establezca metas realistas para mejorarse a sí mismo.
• Sea amable consigo mismo cuando cometa errores.
• Céntrese en sus fortalezas y trabaje para mejorar sus debilidades.

Cómo se puede desarrollar la capacidad autocrítica

Para desarrollar la capacidad autocrítica, se pueden seguir varios enfoques y consejos prácticos. Algunas recomendaciones incluyen

Autoconciencia: Ser consciente de cuándo se está siendo autocrítico y procure realizarla de manera frecuente e intencionada para ejercitar esta capacidad.

Actitud positiva: Diferenciar la autocrítica positiva de la negativa a través de una actitud constructiva y enfocada en la mejora, en lugar de culparse y autocastigarse.

Descripción de comportamientos: Enfocarse en describir con precisión los comportamientos en lugar de centrarse en rasgos de personalidad o supuesta esencia.

Autoanálisis: Desarrollar la capacidad de autoanálisis para aprender de los errores, corregir debilidades o rasgos de personalidad inapropiados.

Capacidad analítica: Procesar el autoconocimiento y reconocer los aciertos y errores cometidos, analizando las situaciones, conductas, acciones y pensamientos propios.

Tener claro que la finalidad es mejorar: Asegurarse de que la autocrítica se realice con la intención de mejorar y aprender, en lugar de culparse y autocastigarse.

Ser relajado: Escoger un momento adecuado para realizar la autocrítica, donde se pueda estar relajado y concentrado en el proceso.

Estas estrategias y consejos pueden ayudar a fortalecer la capacidad autocrítica, permitiendo una reflexión más constructiva y orientada al crecimiento personal.

¿Cómo criticarte correctamente?

La fórmula principal y, quizás, la más correcta de la autocrítica se expresa como "más - menos - más". Esto significa que, si logras hacer algo, ¡genial! Pero si el intento no tuvo éxito o cometió un error, debe admitirlo, reconsiderar, sacar conclusiones y hacerlo bien la próxima vez.

En general, para poder criticarse adecuadamente, lo mejor es tener una escala formada a partir de sus valores y creencias. También es necesario tener un estilo de vida saludable. Una persona razonable y objetivamente autocrítica sabe lo que es importante para él y puede determinar qué rasgos y cualidades necesita. Después de todo, esto es lo que ayuda a encontrar la dirección correcta para el autodesarrollo. En este caso, la autocrítica será razonable, se convertirá en un buen apoyo y le servirá de incentivo para superarse y alcanzar el éxito.

Para desarrollar una autocrítica constructiva, le aconsejamos que acepte que no existen personas ideales en el mundo, que no se obsesione con el deseo de tener siempre la razón, pero tampoco que retroceda cuando esté objetivamente seguro de la corrección de su posición. Debe desarrollar la intuición y escucharla, aprender a disfrutar de la vida y no perder el sentido del humor.

Pero hablemos más concretamente de consejos que le ayudarán a desarrollar una buena autocrítica interior:

Sea honesto consigo mismo

La autocrítica es, ante todo, honestidad y franqueza hacia uno mismo. Puede engañar a cualquiera, pero no a usted mismo, y no tiene sentido intentar disfrazar algo, esconderlo o justificarse. Al aprender a decir la verdad sobre sí mismo, dará un gran paso adelante y convertirá a su conciencia en ese observador interior que le limitará en palabras, acciones y hechos no deseados.

No se desprecie

Ningún error, tropiezo o fracaso vale la pena para que deje de respetarse y empiece a odiarse. La autocrítica es autodesarrollo y debe comprender que necesita trabajar en sí mismo sin sentirse una persona inútil o sin valor. Es importante comprender que usted no se critica a sí mismo como persona, sino a sus acciones incorrectas, conceptos erróneos, opiniones y puntos de vista erróneos. Se debe aprender todos los días, extraer experiencia valiosa de todo lo que funciona y lo que no funciona. Los errores son parte de la vida de cada uno de nosotros, pero no son motivo para destruir nuestro mundo interior.

Frene su ego

Cada acción tiene un motivo y puede ser tanto positivo como negativo. No profundicemos en ejemplos, pero pongamos el más simple: puedes tratar a alguien favorablemente, pero ¿cuál es el motivo? ¿Estás haciendo esto sólo por diversión o quieres obtener algún beneficio para usted? A menudo las personas actúan basándose en objetivos egoístas. Trate de "atraparse" en tales acciones y recurra a la autocrítica. De lo contrario, puede sucumbir al autoengaño, pensando que es una buena persona, cuando en realidad se es alguien que sólo se quiere así misma. Al trabajar en su ego y reducirlo, se volverá más crítico consigo mismo.

Abrace su orgullo

El orgullo, como la mayoría de los demás, es bueno con moderación. Si se sale de escala, una persona inmediatamente comienza a defenderse incluso de ataques inofensivos en su dirección. El orgullo puede decir que siempre tenemos la razón y no dar derecho a existir a otras opiniones. Debido a esto, es difícil evaluarse objetivamente y comprender las verdaderas razones de sus acciones. Si "bajamos un poco la nariz", nos veremos a nosotros mismos desde fuera y al hecho de que quienes nos rodean no nos desean daño y no quieren ofendernos. Además, esto nos permitirá estar al mismo nivel que otras personas y comenzar a mostrarles más respeto, y esto último, como ya hemos dicho, es una cualidad inherente a las personas autocríticas. Pero no hay necesidad de perder el orgullo, porque su ausencia, como la ausencia de autocrítica, sólo empeora las cosas.

No se culpe

Criticarse correctamente no es nada fácil, pero nos hace avanzar. Por lo tanto, volvamos a hablar del equilibrio: debe analizar sus acciones, pero al mismo tiempo no sentir una culpa excesiva. A veces es útil comprender que usted tiene la culpa: es una manifestación de conciencia. Sin embargo, si la culpa cuelga como un peso alrededor del cuello, conduce a la autocrítica y a un estado de infelicidad. Lo hecho está, la vida no se detiene y usted también debe seguir adelante. Para hacer esto, debe darse cuenta dónde se equivocó y concentrarse en hacer lo correcto.

Ser más sabio

Has decidido desarrollar la autocrítica. Tu comportamiento ha comenzado a cambiar, prestas atención a tus errores y haces todo lo posible para evitar que vuelvan a suceder en el futuro. Te has convertido en una mejor persona. Pero ahora tus conocidos, familiares y amigos se comportan de manera completamente diferente, como estaban acostumbrados, y un sentimiento de protesta interna comienza a apoderarse de usted. Y aquí es muy importante entender que no tiene sentido oponerse a otras personas (y viceversa). Nadie le debe nada, eso es una cosa, cada uno vive como mejor le parece, son dos, cada uno está en su propia etapa de desarrollo y formación. En lugar de insatisfacción, resentimiento o enojo, muestre sabiduría: actúe como le dice su instinto y muestre a los demás con su ejemplo lo armonioso y en desarrollo que es una persona.

Escuchar a la gente

No siempre es posible que una persona pueda ver de forma independiente en qué se equivoca. Pero los que están cerca pueden verlo claramente. La autocrítica competente es también la capacidad de percibir constructivamente las críticas de los demás. Y debe desarrollarla en usted de todas las formas posibles, porque solo así tendrá un efecto positivo en su crecimiento personal. No siempre se da el caso de que cuando le dicen que está haciendo algo mal quieran insultarle o menospreciar su dignidad. Mucha gente le desea lo mejor y quiere que se convierta en una mejor persona. Cuanto antes aprenda a responder adecuadamente a los comentarios de los demás, más rápido el trabajo sobre sí mismo producirá resultados.

Criticarse en voz alta

Esta es una técnica muy útil y eficaz, de una forma u otra relacionada con todo lo que ya hemos dicho. Si de repente hizo algo mal o actuó imprudentemente, no tema admitirlo ante otras personas con voz clara. El beneficio de esto es, en primer lugar, que las personas razonables que están cerca no solo lo entenderán, sino que también lo ayudarán a comprender dónde se cometió exactamente el error y cómo corregirlo. Y, en segundo lugar, cuando su comportamiento moleste a alguien o lo decepcione, la autocrítica en voz alta le hará saber a esa persona que usted está admitiendo su error y pidiendo perdón. Seguramente tampoco lo acusarán de nada adicional. Pero aquí vale la pena decir que esta técnica debe usarse solo con aquellos que tienen una actitud positiva hacia usted, de lo contrario sus confesiones servirán como un arma que el enemigo podrá usar con éxito en su beneficio.

Intente recordar siempre que su tarea es aprender a reflexionar y ser honesto consigo mismo para alcanzar un nuevo nivel de sí mismo, siendo capaz de superar sus debilidades, conceptos erróneos y prejuicios. La autocrítica sirve como objetivo principal de la autoevaluación y la capacidad de ver las cualidades y ventajas positivas de uno sobre otras personas.

Si realmente quiere progresar, definitivamente necesita aprender a criticarse a sí mismo correctamente. Como dice un famoso proverbio: "Vemos una mota en el ojo de otra persona, pero no notamos un tronco en el nuestro", y esto recuerda mucho al comportamiento humano. Entonces, la autocrítica es el camino correcto para aprender de los errores, lograr el entendimiento mutuo en la comunicación, establecer la armonía dentro de uno mismo y mejorar la calidad de vida.

Cuáles son los obstáculos para desarrollar la capacidad autocrítica

Existen varios obstáculos que pueden dificultar el desarrollo de la capacidad autocrítica. Algunos de ellos son
1
Miedo al fracaso: El miedo al fracaso puede impedir que las personas se evalúen a sí mismas de manera crítica, ya que temen enfrentar sus debilidades y errores.

Baja autoestima: La baja autoestima puede hacer que las personas se critiquen a sí mismas de manera excesiva y negativa, en lugar de enfocarse en la mejora y el crecimiento personal.

Falta de autoconciencia: La falta de autoconciencia puede impedir que las personas reconozcan sus debilidades y errores, lo que dificulta la capacidad de aprendizaje y mejora.

Actitud defensiva: Una actitud defensiva puede impedir que las personas acepten críticas constructivas y se cierren a la posibilidad de aprender y crecer.

Falta de práctica: La capacidad autocrítica requiere práctica y esfuerzo constante, por lo que la falta de práctica puede impedir su desarrollo.

Es importante reconocer estos obstáculos y trabajar en superarlos para poder desarrollar una capacidad autocrítica saludable y efectiva.

Cómo trabajar la autocrítica en los niños

Trabajar la autocrítica en los niños puede ser un desafío, pero hay varias estrategias que pueden ayudar a combatir esta tendencia. Algunas de estas estrategias incluyen:

Establecer una norma en casa: Explicar a los niños que nadie tiene permiso para ser cruel con otra persona, ni siquiera con él mismo. Esto les da la oportunidad de domar las palabras duras y, con el tiempo, se convierten en pensamientos más positivos.

Nombrar al crítico interior: Poner nombre al crítico interior y ayudar a los niños a acostumbrarse a decir: "Ah, sí, así es como hablaría el monstruo. Pero ese no soy yo". Esto hace que la crítica sea mucho menos poderosa cuando se le planta cara.

Trabajar la inteligencia emocional: Aprender a decir "me siento frustrado" (o decepcionado, avergonzado, etc.) y ayudar a los niños a encontrar palabras para describir sus propios sentimientos. Esto les permite defenderse ante los demás y exigir que la gente los trate con respeto.

Moldear la autocompasión: Cuando los niños cometen errores, se les debe hacer reconocer sus limitaciones de una manera clara, pero sin enviar el mensaje de que la autocrítica es una respuesta apropiada a una equivocación. Esto puede mejorar sus destrezas socioemocionales a lo largo de la vida.

Actividades artísticas: Utilizar actividades artísticas como una forma de trabajar con el propio crítico interior. Esto puede ayudar a los niños a expresar sus emociones y pensamientos de manera más saludable.

Entrenamiento en concienciación: Participar en programas de entrenamiento en concienciación, como Ready4Routines, que se enfoca en el desarrollo de destrezas de función ejecutiva tanto para el padre como para el niño en el contexto de la construcción de rutinas familiares. Estos programas pueden ayudar a los niños a mejorar sus habilidades socioemocionales y a manejar la autocrítica de manera más saludable.

Capítulo 7
El síndrome del Impostor

El síndrome del impostor: ¿Cómo superar la sensación de fraude?

El síndrome del impostor es un fenómeno psicológico en el que las personas que han logrado un éxito notable se sienten incapaces, inmerecedoras o engañadoras. A pesar de sus logros, estas personas sienten que no son competentes y que sus éxitos son simplemente producto de la suerte, el engaño o el favoritismo.

El síndrome del impostor es un fenómeno relativamente común, que afecta a personas de todas las edades, géneros y niveles de educación. Se estima que afecta al 70% de las personas en algún momento de su vida.

Las personas que sufren de síndrome del impostor suelen presentar los siguientes síntomas:

- Sensación de no ser lo suficientemente buenas
- Temor a ser descubiertas como impostoras
- Evitación de tareas o situaciones desafiantes
- Baja autoestima
- Ansiedad
- Depresión

El síndrome del impostor puede tener un impacto negativo en la vida de las personas que lo sufren.

Puede dificultarles alcanzar sus objetivos, desarrollar sus carreras y disfrutar de sus relaciones personales.

Este fenómeno afecta a personas de diferentes profesiones y niveles de responsabilidad, especialmente a mujeres y a aquellos que están en puestos de gran responsabilidad

Al mismo tiempo, es un error creer que la duda y, especialmente, el síndrome del impostor es inherentes sólo a los "simples mortales". También los famosos se topan con ellos, y no sólo al principio de su viaje. Natalie Portman, hablando ante estudiantes de Harvard como graduada en Psicología en 2015, les dijo que no se daba cuenta de sus logros: "Doce años después de mi graduación, debo admitir que todavía no siento mi propio valor. Tengo que recordarme a mí misma que estoy aquí por una razón. Hoy me siento exactamente igual que cuando comencé en Harvard en 1999. Entonces me pareció que había algún tipo de error: no era lo suficientemente inteligente para estar aquí, y cada vez que abría la boca tenía que demostrar que no era solo una actriz estúpida. A veces, la incertidumbre y la inexperiencia pueden hacer que te esfuerces por alcanzar los estándares y expectativas impuestos por otras personas. Pero puedes utilizar tu falta de experiencia para forjar tu propio camino, uno que no esté dictado por otros, sino determinado por ti".

El escritor estadounidense y ganador del Premio Pulitzer John Steinbeck escribió en su diario: "No soy un escritor. Me estoy engañando a mí mismo y a quienes me rodean". Después de terminar de trabajar en la novela "Las uvas de la ira", que le valió un premio, dijo: "A veces creo que he hecho algo que vale la pena, pero cuando el trabajo está terminado, se convierte en mediocridad".

Miguel Ángel y Leonardo Da Vinci dudaron de sus capacidades. A este último se le atribuye la frase "Dime, ¿logré hacer algo?". Vincent Van Gogh, según sus contemporáneos, sufría constantemente de dudas, pero una vez dijo: "Si escuchas una voz dentro de ti que te dice que no puedes pintar, hazlo por cualquier medio y la voz se callará". El gran escritor argentino Jorge Luis Borges le costaba terminar un libro, ya que una vez concluido, no se detenía de corregirlo una y otra vez, hasta que decía ¡Basta!

La inseguirdad en las relaciones personales

La inseguridad en la vida personal se manifiesta en el hecho de que una persona cuestiona su capacidad para complacer a alguien. Al comienzo de una nueva relación, puede sentir miedo de que la persona que está cerca "notará" sus defectos y se sentirá decepcionada. En las relaciones existentes, esto significa vulneración de las necesidades de uno porque será más conveniente para alguien, celos y, a veces, un traspaso interminable de las ansiedades y dudas de uno a la pareja.

Algunos aspectos clave que contribuyen al aumento del síndrome de la impostor incluyen:

• Presión elevada y constante de rendimiento e imagen, que incrementa la falta de confianza en uno mismo y genera dudas constantes.

• La menor representación de mujeres en puestos directivos, lo que puede influir en que aquellas que las ocupan se sientan más presionadas.

• Estereotipos instaurados en la sociedad que pueden afectar la percepción de las personas que lo sufren.

• El síndrome del impostor puede ser un sentimiento abrumador y hacer sentir aislado a las personas que lo experimentan.

• Algunas personas que lo sufren pueden manifestar dudas acerca de sus habilidades y creer que éstas no son suficientes.

• Este trastorno puede afectar la vida laboral de las personas, ya que pueden tener dificultades para tomar decisiones importantes o aprovechar nuevas oportunidades.

¿Qué causa el síndrome del impostor?

Los factores que contribuyen al desarrollo del síndrome del impostor son complejos y varían de persona a persona. Sin embargo, algunos de los factores más comunes incluyen:

La personalidad: las personas con una personalidad perfeccionista o ansiosa son más propensas a sufrir de síndrome del impostor.

La historia familiar: las personas que fueron criticadas o rechazadas por sus padres o cuidadores durante la infancia, son más propensas a desarrollar una imagen negativa de sí mismas.

Las experiencias de vida: las personas que han experimentado fracasos o rechazos, son más propensas a sufrir de síndrome del impostor.

Cómo superar el síndrome del impostor

Si cree que puede sufrir de síndrome del impostor, hay algunas cosas que puede hacer para superarlo:

Una de las cosas más importantes que puede hacer para superarlo **es reconocer sus logros**. Tómese un tiempo para pensar en todo lo que ha logrado en su vida. ¿Ha recibido elogios de sus compañeros de trabajo, profesores o clientes? ¿Ha alcanzado metas que le parecieron imposibles? Al reconocer sus logros, comenzará a darse cuenta de que es capaz de muchas cosas.

Frente a sus pensamientos negativos: Una de las características del síndrome del impostor es la tendencia a tener pensamientos negativos sobre uno mismo. Estos pensamientos pueden ser muy dañinos, ya que pueden llevarnos a dudar de nuestras capacidades y a sabotear nuestros propios éxitos.

Una forma de superar los pensamientos negativos es desafiarlos. Cuando tenga un pensamiento negativo, pregúntese:

¿Hay evidencia que respalde este pensamiento?
¿Hay otra forma de interpretar la situación?
¿Estoy siendo demasiado duro conmigo mismo?

Concéntrese en sus fortalezas: Todos tenemos fortalezas y debilidades. Es importante centrarse en nuestras fortalezas y trabajar para mejorar nuestras debilidades. Cuando se sienta inseguro de sus habilidades, recuerde sus fortalezas. ¿Qué es lo que hago bien? ¿Qué le han dicho los demás que es bueno en ello?

Sea amable consigo mismo: Todos cometemos errores. Es importante ser amable consigo mismo y perdonarse a sí mismo por sus errores. Cuando cometa un error, no se castigue. Aprenda de su error y siga adelante.

Busque apoyo: Hablar con un amigo, familiar o terapeuta puede ayudarle a superar el síndrome del impostor. Una persona que le apoye puede colaborar a que reconozca sus logros, desafiar sus pensamientos negativos y ser amable consigo mismo.

Si cree que puede sufrir de síndrome del impostor, no está solo. Hay muchas personas que lo sufren y hay muchas cosas que puede hacer para superarlo.

Cómo actuar en el ámbito laboral

• Crear programas de psicoterapia o coaching laboral que impulsen a las personas a reconocer su valor y a salir adelante.

•	Promover espacios de trabajo colaborativos donde se pueda desarrollar la confianza y seguridad.

•	Reconocer tanto los logros propios como los ajenos y ofrecer un feedback constructivo a todas las personas de un equipo.

•	Promover prácticas diversas, equitativas e inclusivas en el trabajo

Cuáles son los síntomas del síndrome del impostor

Los síntomas del síndrome del impostor incluyen:

•	Creencia de no merecer los propios logros, atribuyéndolos a la suerte o a la ayuda de otros.
•	Incredulidad en las propias capacidades.
•	Temor constante a ser descubierto como un fraude.
•	Expectativas de fracaso ante situaciones habituales de éxito o excelente rendimiento.
•	Desmotivación asociada a la falta de confianza personal.
•	Ansiedad, tristeza, depresión, y miedo a no haberse esforzado lo suficiente.

Además, se pueden observar otros signos como la falta de confianza en uno mismo, restarle importancia a los logros, temor o miedo al fracaso, y burnout por exceso de trabajo

Estos síntomas pueden manifestarse en diferentes ámbitos, como el académico, laboral, social, interpersonal y familiar

Si se identifica con varios de estos síntomas, es importante buscar apoyo psicológico para abordar el síndrome del impostor.

El síndrome del impostor puede afectar la autoestima profesional de diversas maneras. Las personas que lo padecen a menudo subestiman sus logros y evitan tomar riesgos, lo que puede llevar a una falta de confianza en el trabajo y a una sensación constante de insatisfacción. Además, pueden caer en patrones de procrastinación o perfeccionismo para evitar ser descubiertos como "fraudes". Todo esto puede causar una disminución de la productividad y una baja autoestima en lo que respecta a sus habilidades laborales. Esta inseguridad puede traducirse en una falta de confianza al presentar o compartir trabajos, contribuyendo a una disminución de la autoestima en entornos públicos o laborales

Para superar este síndrome, se sugiere buscar estrategias para combatirlo, como el autoconocimiento y la toma de consciencia, y reconocer los logros. Se deben desafiar los pensamientos negativos, establecer metas realistas y buscar el apoyo de amigos, familiares o colegas de confianza

Qué es la terapia breve estratégica y cómo puede ayudar a tratar el síndrome del impostor

La Terapia Breve Estratégica es un enfoque terapéutico que se centra en resolver problemas de manera eficaz y rápida. Puede ser útil para tratar el síndrome del impostor, ya que se enfoca en identificar y modificar las creencias y los patrones de pensamiento que subyacen a este trastorno

Esta terapia ayuda a las personas a identificar y cambiar las creencias negativas subyacentes, a desarrollar nuevas estrategias de afrontamiento y a reconocer su propio valor como persona

La Terapia Breve Estratégica resulta efectiva para solucionar el síndrome del impostor al aplicar al paciente un conjunto de estratagemas que siguen la lógica de la paradoja y la lógica del autoengaño para solucionar el problema

La duración de la terapia puede ser de varias sesiones, pero en general, se trata de un enfoque que busca solucionar el problema en un tiempo corto. La terapia breve estratégica puede ayudar a identificar y modificar las creencias y los patrones de pensamiento que subyacen a este trastorno, y a proporcionar estrategias para reconocer el propio valor como persona

Cómo superar las dudas sobre uno mismo

La duda es un proceso reversible si empieza a trabajar con ella. Los pensamientos obsesivos sobre la propia insuficiencia deben compensarse con nuevas actitudes y técnicas de pensamiento positivas. Al mismo tiempo, deshacerse de la incertidumbre no desaparece en un par de semanas: es un trabajo largo.

Se sugieren los siguientes pasos:

Formule y anote sus cualidades y fortalezas positivas sin tocar sus logros:
Esto es necesario para que una persona desarrolle la comprensión de que hay cualidades propias por lo que las personas pueden amarla, independientemente de sus logros o riqueza.

Reemplazar la autocrítica por la autovalidación:
Cuando una persona no tiene confianza en sí misma, es más sensible a los errores y fracasos, a veces imaginarios.

Validación es normalización: es necesario recordar que todas las personas cometemos errores, esto es normal y apropiado. La autocrítica en este caso es algo inútil que no ayuda de ninguna manera, simplemente genera un montón de pensamientos de "¿por qué soy malo?", pero ni uno solo sobre cómo mejorar.

Reemplace el concepto de "error" con la frase "zona de crecimiento": la falta de experiencia o habilidad no es motivo para autoflagelarse, porque "he descubierto mi zona de crecimiento y, por lo tanto, puedo trabajar en ella".

No sea egocéntrico:
Las personas inseguras suelen ser muy egocéntricas al buscar las razones del fracaso. De hecho, no existe una situación entera que se vaya al garete sólo por culpa de una sola persona. Es necesario obligar al pensamiento a no seguir el camino trillado de encontrar a quién culpar, sino a mirar más ampliamente.

Experimentar:
Las personas con baja confianza en sí mismas a menudo evitan intentar algo por miedo a no tener éxito. Pero cuando una persona se niega a realizar una acción, recibe absolutamente un refuerzo de su inseguridad, porque permanece allí. Intentarlo siempre es 50/50. Si tiene éxito, este puede ser el primer impulso de confianza.

Anote los logros y felicítese a sí mismo:
Este es un nivel avanzado. Las personas que carecen de confianza en sí mismas tienden a devaluar sus logros. Debe concentrarse en los momentos en los que algo funciona y elogiarse, inculcarse la idea de que este éxito no es un accidente, sino el resultado de los esfuerzos realizados.

Dese tiempo: La incertidumbre no apareció en un día, semana o mes; se fue formando y consolidando a lo largo de años. Para fijar una nueva forma de pensar, también es necesario crear minuciosamente un hábito. Es importante ser persistente en el uso regular de las técnicas descritas y no esperar resultados rápidos.

No se concentre en lo malo: No crea que, si algo no funciona, nada saldrá bien.

Preste atención al cuerpo: El cerebro humano se correlaciona directamente con el cuerpo: le envía señales y recopila información de él. Cuanto más reflexiona una persona y mantiene una postura incierta, más profundamente puede quedarse estancada en este estado. Tiene sentido ir en sentido contrario y trabajar la postura, la autopresentación y la voz. Cuanto más rápido pueda salir de una postura de incertidumbre, más fácil será dejar ir este sentimiento. Los cursos de actuación, canto o baile pueden ayudar en esto.

En síntesis, el síndrome del impostor es un trastorno psicológico que puede afectar a personas de diferentes profesiones y niveles de responsabilidad, especialmente a mujeres y a aquellos que están en puestos de gran responsabilidad. Para prevenir y superar este síndrome, es importante reconocerlo a tiempo, buscar apoyo psicológico si es necesario, crear programas de psicoterapia o coaching laboral, promover espacios de trabajo colaborativos y reconocer tanto los logros propios como los ajenos.

######